大展好書　好書大展
品嘗好書·　冠群可期

彩色圖解太極武術

4

楊式太極刀

王志遠／著

大展 出版社有限公司

为顺法志考 題簽

楊式太極寶典叢書

沈寄 題

楊式太極刀

賀王志遠賢師著之大作 問世！

求太極之精華
得太極之奧祥
傳太極之真家

世界永年太極拳聯盟
主席 傅聲遠

一九九七年十二月於澳洲

作者王志遠與太極宗師傅鐘文師徒合影

目　錄

刀術奇葩——楊式太極刀

　　漢代文字學家許慎在《說文解字》中，析「刀」字為「刀、兵也，象形。」說「刀」是象形字，古今學者都認同。說「刀」是「兵器」，則不盡然。在遠古時代，「刀」是人類發明較早的工具，早在原始社會，母系氏族公社時期就有了石刀，商、周青銅器時代，刀的製造已非常精良。

　　從刀耕火種的蒙昧時期到現在，人類社會經歷了漫長的發展。從「刀耕火種」的名詞的產生及其意義，以及人類經歷了古代的農耕文明和狩獵時期這個漫長的過程來看，「刀」的產生不僅僅是用作防身和打擊殺戮敵人及野獸的「兵器」，還有切、割、劈、剁、鏟、刮物體的作用，它是和人的日常生活及生產活動緊密聯繫在一起的，可以認為人類最初發明刀的本意是為了生活和生產，所以「刀」從某種意義上說更是一種從事生產的工具，日常生活的用具，是社會進步的產物。因此「刀」作「兵也」的解釋是有其局限性的。

　　隨著私有制和奴隸社會的產生，「刀」就日益用作殺伐的「冷兵器」。

　　為適合戰爭的用途，大體有長柄刀、短柄刀兩種。

冷兵「刀」在頻繁的戰爭中，其刀制和刀法便日益改進。刀制各門派有所不同，刀法則主要有：劈、砍、斫、斬、剁、鏟、割、劃、捐、截、抹、掛、帶、攔、掃、洗、搨、刮、滑、纏、披、剪、剉、批、削、切、崩、挑、刺、搠、點、攪、扎、擊、磕、擋、架、托、叉等四十餘種刀法。

楊式太極刀，又稱太極十三刀，是吸取了我國古代單刀劈、砍、剁、截、挑、撩、鏟、扎、劃、托、切、抹、斬、攔、掃等進擊和防守動作，結合楊式太極拳的步形、步法和身法而組成的刀術套路，是楊式太極拳系的著名器械套路。

其演練方法和要領以及風格、特點與楊式太極拳基本相同。楊式太極刀刀法精妙，樸茂古奧，古法蕩漾，沾黏連隨猶如太極拳之拳勢，變幻莫測，有非常強的技擊性。相傳昔日楊式太極拳第二代傳人楊健侯先生以拂塵代刀比武，令當時的「神刀張」前進未及一步，刀遂被黏住，竟無一刀出手。可見楊式太極刀之奧妙。

傳統的楊式太極刀主要有楊健侯傳授的三十二式，楊澄甫定型傳授的太極十三刀，以及沈壽先生傳授的九路八十一式太極刀。

三套刀術雖刀法獨特，但風格一致，有淵源關係。它們吞吐自如，凝重中正；挺收含放，舒展大方；動作樸素，柔中寓剛。

其外，尚有實用對練刀術。

　　演練楊式太極刀要理遵《太極拳論》，法循《太極拳說》，根據太極拳靜、鬆、穩、勻、緩、合、連的原則，以鬆柔為法，舒展全體，開啓經絡，暢通血脈，心意率行，氣血流注，進行用意不用力的鍛鍊。

　　演練楊式太極刀要保持「柔中寓剛，棉裡藏針，綿綿不斷、滔滔不絕」的太極拳運動特點，要虛領頂勁，氣沉丹田，尾閭中正，含胸拔背，沉肩墜肘。

　　兩腿要穩固有力，虛實分明，足膝輕捷靈活，邁步猶如貓行，動作協調圓潤，進退操縱得宜，身法中正厚重，上下相隨，完整一氣，一動無有不動。

　　既要綿綿不斷，心靜神歛，法度嚴謹；又要輕靈快利，精神振奮，威猛豪放。「威猛豪放」即是「刀走黑」、「刀如猛虎」，如猛虎般奮不顧身，勇往直前，其氣勢已先聲奪人；而「走黑」是形容刀勢如寒冬烈風之凜冽，但不是死砍硬剁，故逞威猛之態。

　　演練楊式太極刀務須知圓知方，柔中寓剛。舞動時，以腰為軸，以肩催刀，身械協調，心牽意連，內外合一。

　　刀隨人走，人催刀行，神如秋水，體如春風，手足輕捷，勁力通透，豪氣逼人，一氣呵成。出手分陰陽，背（刀背）刃（刀刃）分明，不論是劈、斬、抹、撩，還是砍、截、攔、挑，都要交代清楚，做到刀法清晰，沒有絲毫含糊之處。

一、楊式太極刀概述

劃、抹、帶、掛、撩，展頤擺腰，臨風駘蕩，刀勢如行雲流水，風曳楊柳，輕舒漫卷，情思繚繞，輕盈自然；劈、砍、剁、截、掃，壯偉雄沉，峻險廉悍，刀勢如「奔蛇走虺勢入座，驟雨旋風聲滿堂」。

　　英邁跌宕，奔放流暢，氣勢磅礡；纏、撾、托、扎、滑、展蹙翻飛，柔曲百折，恣意卷舒，刀勢如浪濤海語，陽春煙霧。吞吐汪洋，惠風和暢，氣象萬千。處處裡外翻轉，恣肆沉穆而又圓切嚴峻，使人有風飄梨花，滿身皆刀，無隙可乘，內中深蘊太極的感覺。

　　演練楊式太極刀，一招一勢絲毫不能有強拗斷離、渾身僵硬等現象，而有違于太極拳靜、鬆、穩、勻、緩、合、連的七字要訣。

　　此外，最好能懂得每一術式的技擊意義，演練時有假想之敵，做到「有人當無人，無人當有人，有形剁形，無形剁影」。從而使心、意、精、氣、神與眼、身、手、步、刀內外合一。這樣練習日久，勤而有恆，自能克服強拗斷離，不能順勢得力或姿勢不佳等常見弊病。

　　演練楊式太極刀，練形取象宜參其變化，明其展蹙穿插之妙理。蹙以求其結密緊湊，展以求其婀娜舒展，穿插求其依隨呼應。使太極刀勢顧盼生姿，渾然天成，以合體之妙用。

　　因而演練之時，除應注意形象體勢外，更應注意神情意態，意注神態，則得其動靜開合之勢；得其勢，則得其吞吐蓄發之象；得其象，則得其虛實方圓之韻；得其韻；則得其陰陽剛柔之勁。

楊式太極刀

　　勢、象、韻、勁兼得，則得其神。形神備矣，則意趣橫生；魂魂俱矣，則奇妙無窮。走刀自然氣象萬千，一派生氣。

　　演練楊式太極刀順依太極拳之拳理拳法，須「敬以直內」。敬者，心靜思慎也；恭敬肅穆也；慎靜而專心致志也。心靜意正氣順，心意在先，法身在後，心境閑怡，淡遠平和，使演練者自然而然地沉浸陶然在平和、純潔、誠樸、怡然自得的自美狀態之中，不知不覺地去粗糙、掃滯鈍、暢積鬱、緩急躁、化惆悵，陶冶性情，文明心靈。

　　楊式太極刀的動作雖較拳、劍為快為剛，然仍尚柔和連貫，以心意率行，以內勁柔運，不尚死剁硬砍，不以剛猛為能。技法的運用仍以沾、黏、連、隨為特點，以後發制人為法。正如近代太極拳之泰斗傅鐘文老師所描述的，「輕靈活潑虛實走，如圓似方意綿綿。四肢隨腰內外合，處處圓滿任自然」。

　　勤練楊家太極刀對壯骨健筋，美形健體，安神益智，開發身體潛能有莫大的好處。

　　如今更有楊式集體太極刀，近似於刀舞的表演，有一定的造型和圖案，表演起來伴有民族音樂，刀舞袍飛，隊形整齊劃一，動作優美協調，閑雅瀟灑，變化多樣，這也是一項引人入勝的運動。

楊式太極刀一般沿用特製的楊公澄甫晚年定型的「太極刀」，該刀後留傳公鐘文處，文革期間幾經轉移，待文革結束復出，已鏽跡斑斑。

該刀之形式大體分三個部分，分別為刀身、刀盤(格)、刀柄(把)。

刀身狀如倭刀，但又與倭刀不同，前三分之一的前刃為劍，有雙刃和淺棱及劍尖和劍鋒，故其具備劍前刃及鋒尖的搠、扎、刺、崩、挑、點、劃、削等功能；後三分之二刀身的中、後刃則完全等同倭刀，有刀背和單刃，故其具備普通單刀刀背磕、格、擋、推、纏、掛、托等功能以及刀刃的劈、砍、剁、撩、掃、抹、截、割、刮、捐、切等功能。

刀盤（格）呈 s 型如意狀，可用以護手及叉格、絞纏、滑對方器械的作用。

刀柄（把）為直柄，狀如仆刀，可用來磕、擊、掛、格、滑。

刀柄末端刀首為圓環，可繫彩色絲質方巾，被稱為刀袍或刀彩，係古代絲帶衍化而來，古代持刀格鬥搏殺，刀柄之刀首都有絲帶纏於手腕，以防戰鬥時震動脫手，戰後用來揩抹血跡，故刀袍一般為紅色。

太極刀全長為三尺左右，其中刀刃長二尺四寸，柄長六寸左右，刀首圓環直徑寸許。

其重一般為斤半至二斤，但亦有特製為三四斤以上者，皆因人而異。

太極拳前輩其日常練習之刀，往往超重五斤，其意在增長手勁及靈活腰腿。

楊式太極刀

若以為應敵之需者，仍用通常重量之刀。

近代太極拳之泰斗傅公鐘文及太極拳專家沈壽老師均認為平常演練用刀亦不必刻意追求重量，只要重量前後平衡，稱手即可。

楊式太極刀制其沿革，據傅老鐘文先師介紹以及沈壽先生考證，可能由倭刀為基制，結合劍、樸刀優點衍變而來。

因楊公澄甫一直沒有稱手合意的刀，後友人贈其倭刀，經使用甚合其意，但覺得又缺少點什麼，而不能完善地演繹太極刀的刀法，經反覆實驗、改革，終成後來定型的刀制。完善的刀制使太極刀術演繹得盡善盡美。

其他門派的太極刀則多採用、例用柳葉刀或樸刀等，而無特殊的刀制。

關於倭刀的來歷，有說源於中國的苗刀、長刀或柳葉刀，本文不作探討。

附　楊式太極刀的刀制圖

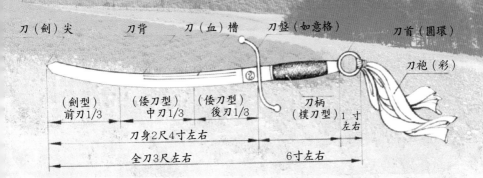

刀（劍）尖　　刀背　　刀（血）槽　　刀盤（如意格）　　刀首（圓環）

刀袍（彩）

（劍型）前刀1/3　（倭刀型）中刀1/3　（倭刀型）後刀1/3　刀柄（樸刀型）　1寸左右

刀身2尺4寸左右

全刀3尺左右　　6寸左右

楊式太極刀

楊式太極刀

譜一、太極刀名稱歌（七言十六句）

太極刀訣	太極刀十三勢譜
1.七星跨虎交刀勢	1.七星跨虎
2.騰挪閃展意氣揚	2.騰挪閃展
3.左顧右盼兩分張(1)	3.左顧右盼
4.白鶴展翅五行掌(2)	4.白鶴亮翅
5.風卷荷花葉內藏(3)	5.風卷荷花
6.玉女穿梭八方勢	6.玉女穿梭
7.三星開合自主張	7.三星開合
8.二起腳來打虎勢(4)	8.二起打虎
9.披身斜掛鴛鴦腳(5)	9.鴛鴦腳
10.順水推舟鞭作篙	10.順水推舟
11.下勢三合自由招(6)	11.下勢三合
12.左右分水龍門跳	12.龍門跳
13.卞和攜石鳳還巢(7)	13.鳳還巢
14.寶刀舞罷神逍遙	
15.吾師留下四刀贊(8)	
16.口傳心授不妄教	

₀₁₈

註：

(1)「兩分張」，李雅軒譜（下簡稱雅譜）作「兩分章」，見陳龍驤著《
太極單刀》及栗子宜著《傳統楊式大架太極拳械推手》。

(2)「白鶴展翅」，楊振鐸譜（下簡稱鐸譜）作「白鶴亮翅」，見《楊式
太極拳、劍、刀》。
雅譜亦作「白鶴亮翅」，見同上，炎譜作「白鶴涼翅」。亦有作
「白鶴晾翅」者。

(3)「葉內藏」，鐸譜，雅譜均作「葉裏藏」，炎譜作「隱葉底」。

(4)「二起腳來」雅譜作「二起腿兮」。

(5)「披身斜掛」，雅譜分別有作「坡身斜跨」和「披身斜跨」。

(6)「自由招」，雅譜作「由由著」音同義近。

(7)「鳳還巢」炎譜作「鳳回巢」，音近義同。

(8)「贊」，原來是稱贊歌頌人物事物的文體，所以有「贊歌」之說，
這裡借作「訣」字使用。故「四刀贊」即為「四刀訣」，又含稱
贊四刀之意。

萬本(1)及上海永年太極拳社早年的傅鐘文太極刀譜（
下簡稱傅譜）之《四刀贊》（傅譜題名作《四刀用法》）
為：斫剁、划（又作「劂」，都是「鏟」字的異體字，故
音義皆同，即批削之意）、截割、撩腕。而「十三勢架‧
四刀」內容為：「裏剪腕、外剪腕、挫（一作「剉」）腕
、撩腕。」

「剉」與萬本及傅譜之《四刀贊》文字相同者
僅「撩腕」一法，不過，這兩者的「剪」
與「剁」，「挫」與「截」
的實際用法卻是相似或相同
的。

「傳譜」的《刀法應用譜》完全可以佐證這一點。《刀法應用譜》：「一、劈肩；二、裹剁腕；三、扎腹；四、外截腕；五、刺腰；六、外剁腕；七、割喉；八、上截腕；九、砍腿；十、下截腕。」這十法正是「四刀」的具體應用。「劈、剁、截、扎、刺、割、砍」等法正是太極十三刀的精煉和歸納，又說明上述的太極刀法是同出一源的。

　　附：《劍經》四法：擊、刺、格、洗。

註：

　　註1：《萬本》：工楷手寫本，內容依次為楊氏太極拳老譜。王宗岳著太極拳譜和宋書銘傳鈔太極拳譜，實是三者的合訂本。因其所用的十行紙，在邊框外的左下角印有《萬縣興隆街裕興昌印》九字，故簡稱「萬本」。

　　按：本譜一係太極拳專家沈壽先生按上海永年太極拳社創始人、楊式太極拳第四代傳人、近代太極拳泰斗傅公鐘文太極刀訣（簡稱傅譜），參以有關老譜補全。

　　傅譜無文內最後三句，僅十句，這十三句與本篇完全相同，見上海永年太極拳社早年印傅譜。

　　楊公澄甫弟子曾昭然(柏如)譜（簡稱曾譜），無14·「寶刀舞罷神逍遙」句，計七言十五句，見《太極拳全書》。與《萬本》太極刀訣（七言十五句）完全相合。可見句14，「寶刀舞罷神逍遙」句係沈壽先生為排句對偶及內容上的需要所加。因此句加在「收勢」，因而未改動刀法，盡「神逍遙」而已，妙。楊振鐸譜，沿傅譜七言十三句或萬本七言十三句，但文字略有變化。
見上註。

楊式太極刀

李雅軒譜，亦沿用傅譜七言十三句或萬本七言十五句，除文字略有變化外，增添句3，「吞吐含花龍行步（或）勢」句，亦係李為排句對偶所加，但其所加句為具體刀法，刀法亦隨之而改變。

崔毅士譜與傅譜相同，唯實際刀法，其後人皆有大更動。

註2.本譜一去掉句14，「寶刀舞罷神逍遙」即為萬本，故不再另列萬本，凡下文中「萬本」即指譜一去「寶刀」句，亦以譜一為題

譜二、太極刀歌〔雅（李雅軒）譜七言十六句〕

太極刀歌	太極刀 十四勢譜	太極刀動作分解 （四十式）
1.七星跨虎交刀勢(1)	1.七星跨虎	1.(1)預備勢 (2)上步七星 (3)退步跨虎
2.騰挪閃展意氣揚	2.騰挪閃展	2.(4)左右格掛 (5)下勒斜刺
3.吞吐含化龍行步(勢)	3.龍行步(勢)	3.(6)左右攔掃
4.左顧右盼兩分章(3)	4.左顧右盼	4.(7)含轉(斜)推刀
5.白鶴晾翅五行掌(4)	5.白鶴晾翅	5.(8)左右撩刀(五星)撐掌
6.風卷荷花葉裏藏(5)	6.風卷荷花	6.(9)風卷荷葉 (10)宿鳥投林 (11)回身撐掌
7.玉女穿梭八方勢(6)	7.玉女穿梭	7.(12)玉女穿梭 (13)含轉(斜)推刀 (14)翻身藏刀(勢) (15)玉女穿梭 (16)含轉(斜)推刀 (17)翻身藏刀(勢)

楊式太極刀

		8. (18) 懷中抱月
8. 三星開合自主張 (7)	8. 三星開合	(19) 進步平刺 (20) 朝天一炷香 (21) 跳步勒 (馬) 刀 (22) 跳步沖刀 (23) 翻身藏刀 (勢)
9. 二起腿兮打虎勢 (8)	9. 二起打虎	9. (24) 上步格刀 (25) (交刀) 右蹬腳 (26) 左打虎勢 (27) 右打虎勢
10. 披身斜跨鴛鴦腳 (9)	10. 鴛鴦腳	10. (28) (轉身) 右蹬腳 (29) 雙峰貫耳
11. 順水推舟鞭作篙 (10)	11. 順水推舟	11. (30) 懷中抱月 (31) 進步平扎 (32) 朝天一炷香
12. 下勢三合自由著 (11)	12. 下勢三合	12. (33) 跳步旋風刀 (34) 回身扎刀
13. 左右分水龍門跳 (12)	13. 龍門跳	13. (35) 左右分刀 (36) 跳步勒 (截) 刀 (37) 跳步沖刀
14. 卞和攜石鳳還巢 (13)	14. 鳳還巢	14. (38) 翻身勒 (刀) 刺 (39) 返轉收刀 (卞和攜玉) (40) 收勢 (合太極)
15. 吾師留下此刀贊 (15)		
16. 口傳心授不妄教 (16)		

註 1：雅（李雅軒）譜刀訣所傳亦略有不同，如陳龍驤為七言十六句，同上譜。栗子宜為七言十四句，少句 15 和 16。雅譜沿用傳譜或萬本，除文字略有變化外，增句 3「吐葉含化龍行步 (勢)」句，係李為排句對偶而加，但其所加句為具體刀法，刀法亦隨之而變。

註2： 刀歌句末序號可與譜一式名稱對照，文字略有變動，其中重要「四刀贊」改為「此刀贊」，就將「四刀」重點割裂了。這是不應有的改動。

註3： 李雅軒譜太極刀將其刀訣十四勢分解為四十個動作，其弟子分解基本相同，其不同之外用（）表示。

太極刀十三字訣

栗子宜譜	劈	刺（扎）	撩	掃	截	挑	磕	掛	砍	剁	推	點	抹
陳龍驤譜	劈	刺	撩	掃	截	挑	磕	掛	斫	剁	崩	點	抹

由上表可見李之傳人亦有不同之處。

本譜十三刀是指以上十三刀法，而不是指著勢，故雖有十四勢，但若不列入「龍行步（勢）」，則亦為十三勢。

譜三、太極十三刀名稱歌〔炎（陳炎林）譜七言十六句〕

太極刀訣	太極刀十六勢譜（十六勢）	太極刀動作分解（三十二式）
1.七星跨虎意氣揚(1)(2)	1.七星跨虎	1.(1)起勢 (2)上步七星 (3)左轉七星
2.白鶴涼翅暗腿藏(4)	2.白鶴涼翅	2.(4)白鶴涼翅
3.風卷荷花隱葉底(5)	3.風卷荷花	3.(5)轉身藏刀
4.推窗望月偏身長	4.推窗望月	4.(6)斜推刀
5.左顧右盼兩分張(3)	5.左顧右盼	5.(7)左撩

6.玉女穿梭應八方(6)	6.玉女穿梭	6.(8)右撩 (9)正推刀 (10)玉女穿梭
7.獅子盤球向前滾	7.獅子盤球	7.(11)平拉 (12)斜推刀
8.開山巨蟒轉身行	8.開山巨蟒△	8.(13)轉身盤頭藏刀
9.左右高低蝶戀花	9.蝶戀花	9.(14)左刮 (15)右搨 (16)正推刀
10.轉身捐撩如風車	10.轉身捐撩 △	10.(17)轉身藏刀 (18)撩刀 (19)捐刀 (20)撩刀
11.二起腿來打虎勢(8)	11.二起打虎	11.(21)二起腳 (22)撒步打虎勢
12.鴛鴦腿發半身斜(9)	12.鴛鴦腿	12.(23)鴛鴦腳 (24)轉身盤頭藏刀
13.順水推舟鞭作篙(12)	13.順水推舟	13.(25)順水推舟
14.翻身分手龍門跳(12)	14.龍門跳	14.(26)轉身藏刀 (27)上步撩刀 (28)跳步剁刀
15.力劈華山抱刀勢	15.力劈華山 △	15.(29)力劈華山 (30)抱刀勢
16.卞和攜石鳳回巢(13)	16.鳳回巢	16.(31)翻身換步砍 (32)收刀勢

　　註1：炎本（陳炎林著太極拳刀劍杆散手合編，1943年上海國光書局出版）

楊式太極刀

卷八太極刀歌訣，計七言十六句。文中句雖稱所記乃為「昔日楊家著名拳術器械之一」，「太極刀正宗」。但考其譜與譜一萬本楊譜及楊家傳人傳譜、曾譜、雅譜、崔譜均出入較大。其中文字相同者僅有「左顧右盼兩分張」、「順水推舟鞭作篙」和「卞和攜石鳳還巢」三句。

兩者文字大同小異的句子雖多，但是，實質內容差異很大。

此外，推窗望月、獅子盤球、巨蟒轉身、轉身招撩、力劈華山等句則與譜一大相徑庭。而楊公澄甫其他弟子，如傅公鐘文，李公雅軒，曾公昭然，崔公毅士其刀譜和實質內容基本採用譜一，可見陳公炎林有異。

據沈壽先生考，陳公學承健侯，該譜當為健侯所傳。與楊公澄甫晚年定型之刀譜著勢有異也就不足為怪。

炎譜歌訣「招」字讀如呂，係術語字，即拉劃刀也。零類一些內容上與譜一不相同的太極刀，如李亦畬藏本十三勢架‧十三刀，由按刀、青龍出水、風卷殘荷、白雲蓋頂、背刀、迎風滾避（一作「迎墳鬼迷」）、震腳提刀，撥雲望日（一作「撥雲望月」）、霸王舉鼎、朝天一炷香、拖刀敗勢等十三勢組成的太極刀。

四、《太極刀譜大全輯集校訂》

註2：刀訣句末序號可與譜一各式名稱對照，缺譜一7，新增句4、7、8、9、11、15，文字相同者僅句5、13、16，其他差異文字多有變化。

註3：炎譜太極刀將其刀訣十六勢分解為三十二個動作，三十二式名前非括號內序數係原歌訣序號，以便對照。

33.鴻雁振羽英姿發	33.鴻雁振羽	33.墨燕點水
34.左右分水龍門跳(12)〈14〉	34.龍門跳	34.魚跳龍門
35.一劈華山兔虎避〈15〉	35.一劈華山	35.力劈三山
36.二劈華山龍蝦逃〈15〉	36.二劈華山	36.順風掃葉
37.三劈華山颶風旋〈15〉	37.三劈華山	37.抱刀勢
38.卞和攜石鳳還巢(13)〈16〉	38.鳳還巢	38.攜石還巢
39.抖袖右倚徐徐立	39.抖袖右倚	收勢
40.退步謙恭禮周詳	40.退步謙恭	

譜七、健身太極刀對打幫學歌（蔣玉堃譜）

甲	乙
1.存神納氣意先揚	1.存神納氣意先揚
2.捌按定勢流水長	2.捌按定勢流水長
3.右轉七星箭彈踢	3.右轉七星箭彈踢
4.左轉七星踢東方	4.左轉七星踢東方
5.白鶴亮翅暗腿藏	5.白鶴亮翅暗腿藏
6.掄刀接刀太極勢	6.掄刀接刀太極勢
7.金雞獨立旋腰勢	7.金雞獨立旋腰胯
8.風卷荷花隱葉底	8.風卷荷花隱葉底
9.掣刀一晃飛腳上	9.推窗望月偏身長
10.金花落地砍敵腿	10.跨步右顧兩分張
11.幔頭後仰避刀傷	11.回跨左盼撩刀忙
12.側身後採意下沉	12.纏絲翻腕鐵檻當

甲	乙
13.二起腳踢打虎勢	13.爛銀拂面向胸膛
14.披身下掛鴛腳蹬	14.撤步轉身搠喉腔
15.半身斜發鴛腳踢	15.後退循線望月相
16.護足盤頭平推放	16.獅子盤球攔腰上
17.旱地行舟退步撩	17.托刀取脛碰著傷
18.跨步滾刀向北推	18.撤步磕刀推南方
19.引刀送刀連不斷	19.似牛鬥角有來往
20.退步上步橫掃項	20.盤肘開山把刀藏
21.鴻雁振羽觀端詳	21.左搧右刮連進招
22.劉海戲蟾金鈎釣	22.脫開金鈎掃趟刀
23.魚跳龍門白到黑	23.寒鋒襲背西推刀
24.回頭蓋頂千鈞落	24.金蟬脫殼望胸搠
25.抄刀前踢臁兒骨	25.接腿後撤使刀撩
26.雄鷹展翅從天落	26.抽刀還刀兩相當
27.撲腿亮刀告一段	27.照樣葫蘆一般同
28.鶴立橫刀氣概豪	28.擔刀撩刀飛腳上
29.推窗望月偏身長	29.金花落地砍敵腿
30.跨步右顧兩分張	30.幔頭後仰避刀傷
31.回跨左盼撩刀忙	31.側身右採意下沉
32.纏絲翻腕鐵檻當	32.二起腳踢打虎勢
33.爛銀拂面向胸膛	33.披身下掛鴛腳蹬
34.撤步轉身搠喉腔	34.半身下掛鴛腳踢
35.後退循線望月相	35.護足盤頭平推放
36.獅子盤球攔腰上	36.旱地行舟退步撩
37.托刀取脛碰著傷	37.跨步滾刀向北推

甲	乙
38. 撤步磕刀推南方	38. 引刀送刀連不斷
39. 似牛鬥角有來往	39. 退步上步橫掃項
40. 盤肘開山把刀藏	40. 鴻雁振羽觀端詳
41. 左搧右刮連進招	41. 劉海戲蟾金鈎釣
42. 脫開金鈎掃趟刀	42. 魚跳龍門白到黑
43. 寒鋒襲背西推刀	43. 回頭蓋頂千鈞落
44. 金蟬脫殼望胸搠	44. 抄刀前踢牐兒骨
45. 接腿後撤使撩刀	45. 雄鷹展翅從天落
46. 抽刀還刀兩相當	46. 撲腿亮刀觀動靜
47. 撲腿亮刀觀動靜	47. 風馳電掣抹後頸
48. 躲刀還刀不輕饒	48. 躲刀低頭大貓腰
49. 卞和攜石鳳還巢	49. 卞和攜石鳳還巢
50. 抖袖振衣倒叉步	50. 抖袖振衣倒叉步
51. 退步謙恭徐徐立	51. 退步謙恭徐徐立
52. 併步復原禮周詳	52. 併步復原禮周詳

太極刀對打(蔣玉堃譜)

太極刀對打動作名稱

甲	乙
起勢	起勢
1. 右轉七星	1. 右轉七星
2. 偏腿跨虎	2. 偏腿跨虎
3. 左轉七星	3. 左轉七星
4. 白鶴亮翅	4. 白鶴亮翅

楊式太極刀

甲	乙
5.掄刀	5.掄刀
6.風卷荷花	6.風卷荷花
7.撩踢	7.推窗望月
8.金花落地	8.右顧刀
9.幔頭過頂	9.左盼刀
10.側身採	10.小纏絲取脛刀
11.二起腳打虎	11.右擋刀正推
12.披身掛鴛腳	12.玉女穿梭
13.玉環步鴛腳	13.回頭望月
14.大盤頭平推刀	14.左右獅子盤球
15.左右旱地行舟	15.上托刀下取脛
16.滾推刀北推	16.右撥刀南推
17.換步抹脖刀	17.撤步開山藏刀
18.鴻雁振羽	18.左攄右刮刀
19.左右分水點剁刀	19.上托刀掃趟刀
20.魚跳龍門一劈	20.右擋刀西推
21.回身二劈	21.蒼龍掉尾
22.馬步亮刀	22.併步搠
23.抄刀刺踢	23.接腿撤步撩
24.蝦米跳三劈	24.蝦米跳回劈
25.撲步亮刀	25.撲步亮刀
26.藏刀獨立	26.擔山撩踢
27.推窗望月	27.金花落地
28.右顧刀	28.幔頭過頂
29.左盼刀	29.側身採

甲	乙
30.小纏絲取脛刀	30.二起腳打虎
31.右擋刀正推	31.披身掛鴛腳
32.玉女穿梭	32.玉環步鴛腳
33.回頭望月	33.大盤頭平推刀
34.左右獅子盤球	34.左右旱地行舟
35.上托刀下取脛	35.滾推刀北推
36.右撥刀南推	36.換步抹脖刀
37.撤步開山藏刀	37.鴻雁振羽
38.左攔右刮刀	38.左右分水點剁刀
39.上托刀掃趟刀	39.魚跳龍門一劈
40.右擋刀西推	40.回身二劈
41.蒼龍掉尾	41.馬步亮刀
42.併步搠	42.抄刀刺踢
43.接腿撤步撩	43.蝦米跳三劈
44.蝦米跳回劈	44.撲步亮刀
45.撲步亮刀	45.順風掃葉抹頸刀
46.躲刀掃葉抹頸刀	46.躲刀
47.攜石還巢	47.攜石還巢
48.抖袖起立	48.抖袖起立
收勢	收勢

楊式太極刀

按：

蔣譜（健身太極刀，蔣玉堃傳授，張金譜整理，１９７０年７月北京體育學院出版社出版）太極刀歌訣，計七言十四句，文中稱蔣１９３０年入浙江省國術館，拜楊澄甫為師；１９３３年又得楊班侯弟子龔潤田親授，獲楊式各種功法真傳，拳、劍、刀、棍、槍無一不精。健身太極刀為蔣玉堃所傳「楊式太極刀」。

但是該譜與譜一萬本楊譜及楊家諸多傳人傳譜、曾傳、雅譜、崔譜均出入極大。

其中文字相同者僅有「左右分水龍門跳」和「卞和攜石鳳還巢」兩句。其中文字類同的極少，即使包括文字牽強有關聯的也僅有八句，且差異極大。其他則完全不同。

刀法內容與萬本楊譜及楊家傳人傳譜等出入更大。

該譜對照譜三炎譜，其中文字相同者有「白鶴亮翅暗腿藏」「風卷荷花隱葉底」「推窗望月偏身長」「玉女穿梭應八方」「獅子盤球向前滾」「鴛鴦腿發半身斜」「左右分水龍門跳」七句，文字基本類同的，僅一字之差的或文字略有移位的有三句，如「巨蟒開山向前行」「二起腳踢打虎勢」「卞和攜石鳳回巢」。

其他有文字內容關聯的六句。合計十六句，可見譜三炎譜七言十六句完全被蔣譜採用，刀法內容也以炎本為基衍化。所以我們認為蔣譜可能沿用或以炎譜為藍圖為「健身」而創編的另類「楊家太極刀」，名做「健身太極刀」可矣。其對刀譜七亦類同。

註：譜六刀訣句末（）序號為與譜一式名對照，〈〉序號為與譜三式名對照。

圖5

動作 5

　　稍右轉體,上體後移,重心落於右腿坐實,左腳隨勢微離地提起,即以前腳掌著地成左虛步。

　　同時,右掌由身前下沉至右胯前,向右、向上弧形環繞,沉肩垂肘屈腕,呈半月狀舉於頭前,掌心斜朝上左手持刀,以肘為軸隨勢由身前向上、向前弧形環繞,手心朝右,虎口朝前,肘微屈,刀尖朝後,刀刃朝上。兩手分開做退步跨虎勢。

　　雙目平視正前方(圖5)。

圖6

動作 6

上動微頓，右轉體，左手持刀隨勢屈肘擺至右脅處，手心朝上，虎口朝外，刀尖朝身左側，刀刃朝身前。

右掌同時屈肘下落於右脅處，按握左手之刀，作交刀狀。

目視兩手（圖6）。

圖8

動作 2

右手手心向下，持刀向腰右側平掃，至刀柄與腰平齊，刀刃向右，刀尖朝前。

左手變掌同時向腰左側平擺，至與腰平齊。

掌指朝前，兩肘均微屈，維持平衡。

右腳隨勢屈膝提起，腳尖自然下垂，成左獨立步，屈膝微蹲。

雙目平視（圖8）。

用法：平掃勒刀

圖9

動作 3

右腳向東南斜前方落步，成右弓步。同時右手持刀由右側向上平舉，至肩平時向東北斜前下方擺臂轉刀扎刺，刀刃斜朝上。

左掌隨勢合附於右腕，虎口貼卡右腕。四指朝上，拇指在下。

目視刀尖（圖9）。

用法：轉刀扎刺

圖12

動作 6

左腳尖外撇，右手持刀屈肘向上、向身左後方撩劈至體左下側，左手掌心朝下隨勢按附於刀背，刀刃朝下，刀尖朝後。

右腳同時向東南斜前方邁步，屈膝以腳前掌著地，成右虛步。

目視刀身（圖12）。

用法：撩劈

圖13

動作 7

　　右腳向右側前邁出，成斜右弓步。

　　右手持刀隨右轉體勢翻腕由下向前、向上反手撩刀，刀刃朝上，左掌隨勢以中、食、無名三指之中節貼附於刀身外側推出，掌心朝右，掌指朝上。

　　目視刀尖（圖13）。

　　用法：撩、推

圖14

動作 8

左腳稍提即落，右腳後撤，腳尖外撇。

右手持刀與左掌同時向左後下掛，復向前、向下、向右、向上屈肘回環，刀尖東指，扣壓提托架，刀身隨兩手環繞至右上方時，左腳同時屈膝提起，腳尖自然下垂。

目視正東（圖14）。

用法：含轉回掛、扣、壓、提、托、架

圖15

動作 9

體稍左轉，左腳向正東方邁出，成左弓步。

兩手同時將刀推出，左掌掌指朝上，腕與肩平，肘微屈。右手屈肘舉於右額前上方，刀刃朝上，刀尖東指。

目視刀尖（圖15）。

用法：推

要領：

1.「動作4」屈肘將刀帶回腰右側時，防止刀刃貼身，割及身體。

2．「動作7」的撩後拗步左推刀，及「動作9」順步右推刀皆後高前低斜推出，不要使刀尖與刀柄持平。

　　3．「動作8」掛刺、扣壓提、托、架，刀身隨兩手環繞，都要以腰帶動，綿綿不斷，一氣呵成。

　　4．屈膝提膝，上身保持中正，站立穩固。

（三）右顧右盼兩分張（圖 16、17）

16

圖16

動作 1

　　左腳尖裡扣，隨勢稍右轉體，右腳同時提起。

　　目視刀尖（圖16）。

　　用法：推洗

圖17

動作 2

　　右腳提起即在體右側落步，左腳隨勢於身前提起，腳尖自然下垂，成獨立步。

　　右手持刀同時由上向右平劈，刀刃朝下，刀尖朝右。左掌平舉分張體左側，掌指朝上。

　　頭向右，目視刀尖（圖17）。

　　用法：劈

　　要領：

　　獨立步右腿宜自然直立，左腿大腿抬平，立身中正平穩。兩臂分張平舉，刀尖齊眉，雙目隨刀之動，先左顧而後右盼，與式名相符。

圖20

動作 3

上動略頓，重心左移，右腳尖外撇，呈右虛步。

右手持刀內旋同時向上由左肩外側向後、向下環劈，左掌亦內旋，隨勢附於右腕。

目視正東（圖20）。

用法：劈

圖21

動作 4

左腳向正東方邁出，成斜左弓步。

左掌附於右手腕，持刀同時以刃向上反撩。

兩臂屈肘，舉於右額前，刀勢前傾。

目視刀尖（圖21）。

用法：反撩

圖２２

動作５

　　右手持刀向上、向後平托後帶，屈肘舉於頭頂，刀刃向上。左掌同時前伸平推穿出，掌指朝上，肘微屈。

　　目視左掌（圖22）。

　　用法：平托後帶推掌

　　要領：

　　１．左右撩刀，須以腰腿帶動，手、眼、身、法、步、刀協調一致，輕靈自然而又沉著圓勻。

　　２．「動作５」之托刀推掌由拳式「扇通背」衍生，須立身中正，兩肩鬆沉防止寒肩。刀身平舉，在掌指齊眉，重心落於兩腿之間，切忌偏頗一方。

圖２３

動作１

　　左腳尖裡扣，右腳跟裡轉，體漸右轉，至正西方時，重心倒至左腿坐實，右手持刀過頭，沉肘藏刀負架於右肩近側，刀刃朝上，刀尖朝東北。

　　左掌隨身轉動，臉向右轉（圖23）。

　　用法：藏刀負架

圖２４

動作 2

　　身體繼續右後轉，右腳隨勢向東北斜撤一步。左手屈
肘坐掌，掌指朝上，貼撫於刀環。
　　目視刀尖（圖24）。

図２５

動作 3

　　右腿直立，左腳隨勢屈膝開胯在體左側提起，腳尖自然下垂，成獨立步。右手持刀內旋向東北方立刀平伸扎刺，刀刃朝下。

　　左手坐掌，掌指朝上，掌心朝右，附於右肩前。

　　目視刀尖（圖25）。

　　用法：扎刺

圖27

動作2

　　右腳向身前上步，膝微屈，左腿伸直，成右半弓步勢。
　　右手持刀內旋，反手使刀尖下垂，以刀背順左臂外側
，由左向背後環行滾繞，至背後右肩上時，刀刃朝上，左
掌屈肘收掩於右肩前，圓撐外推，手心向外（圖27）。
　　用法：刀背滾、掛、磕、掩

圖28

動作 3

　　左腳向西南邁出，成左弓步。

　　左手隨勢屈肘屈腕成橫掌上舉於頭頂，拇指外側朝下，掌心朝外。

　　右手持刀同時向前（西南）劈下。

　　目視刀尖（圖28）。

　　用法：劈、砍、沖刀

圖２９

楊式太極刀

動作 4

　　右腿屈膝略蹲，上身略右轉後移，重心落於右腿，左腳隨勢屈膝於身前提起，成右獨立步，面向正西。

　　同時左手屈肘，掌心朝裡，垂於身前；右手持刀屈臂內旋，掌心朝下，屈腕將刀橫平收至身前，刀背貼附左前臂，刀刃朝前，刀尖橫向左側。

　　雙目平視（圖29）。

　　用法：洗帶

圖３０

動作 5

　　左腳向前邁出，成左弓步。

　　右手持刀與左臂同時將刀向前平推出，刀刃朝前，刀

尖向左（圖30）。

　　用法：平推

圖３１

動作 6

　　左腳尖裡扣，向右後轉體，右腳隨勢屈膝提起，右手
持刀隨體轉動，由後經胸前割拉至右膝側。

　　左手屈肘，掌心朝下，拇指外側朝裡，收於胸前（圖
31）。

　　用法：拉、割

圖３２

動作 7

　　右腳向東南邁出，成右弓步。

　　右手持刀繼續向右後下沉拉割至右胯旁，刀刃朝下，刀尖朝前。

　　左掌隨即向前平推出，掌指朝上、肘微屈。目視正東（圖32）。

　　用法：拉割、平推

圖３３

動作 8

　　重心稍左移，右腿略微直起，右手持刀，屈臂收刀平置身前，刀背朝裡，刀尖橫向左側，左掌俯掌環肘護於胸前。

　　右腳尖外撇，復向東南落步，右手持刀隨勢向前、向右、向後平環橫抹割帶，目平視東北（圖33）。

　　用法：平抹、割帶

圖３４

動作 9

　　左腳向東北邁出，成左弓步。

　　左手沉肘屈腕成橫掌，拇指外側朝下，掌心朝外，由身前上舉至額前上方。

　　同時右手翻腕外旋仰手平刀，刀刃朝左，刀尖稍上翹，向前上方刺出。

　　目視刀尖（圖34）。

　　用法：（撕刺）

圖３５

動作 10

右腿屈膝略蹲，上身略後轉後移。

重心落於右腿，左腳隨勢屈膝於身前提起，成右獨立步，面向正東。

同時左手屈肘，掌心朝裡，垂於身前；右手持刀屈臂內旋，掌心朝下，屈腕將刀橫平，收至身前，刀背貼附左前臂，刀刃朝前，刀尖橫向左側。

雙目平視（圖35）。

用法：洗帶

圖36

動作 11

左腳向前邁出，成左弓步。

右手持刀與左臂同時將刀向前平推，刀刃朝前，刀尖
向左（圖36）。

用法：平推

圖37

動作 12

左腳尖裡扣，向右後轉體，右腳隨勢屈膝提起，右手持刀隨體轉動，由後經胸前拉割至右膝側。

左手屈肘，掌心朝下，拇指外側朝裡，收於胸前（圖37）。

用法：拉割

圖38

動作 13

右腳向西北邁出，成右弓步。右手持刀繼續向右後下沉，拉割至右胯旁，刀刃朝下，刀尖朝前。

左掌隨即向前平推出，掌指朝上，肘微屈。

目視正西（圖38）。

用法：拉、割、藏刀

圖３９

動作 14

　　重心稍左移，右腳提起，右手持刀，屈臂收刀平置身前，刀背朝裡，刀尖橫向左側，左掌俯掌環肘護於胸前。

　　右腳尖外撇，復向西北落步，右手持刀隨勢向前、向右、向後平環橫抹割帶。

　　目平視西南（圖39）。

　　用法：橫抹割帶

圖40

動作 15

　　左腳向西南邁出，成左弓步。左手沉肘屈腕成橫掌，拇指外側朝下，掌心朝外，由身前上舉至額前上方。

　　同時右手翻腕外旋仰手平刀，刀刃朝左。

　　刀尖稍上翹，向前上方刺出。

　　目視刀尖（圖40）。

　　用法：撳刺

圖４３

動作 18

　　左腳尖裡扣，向右後轉體，右腳隨勢屈膝提起，右手持刀隨體轉動，由後經胸前拉割至右膝側。

　　左手屈肘，掌心朝下，拇指外側朝裡，收於胸前（圖43）。

　　用法：拉割、藏刀

圖44

動作 19

右腳向東南邁出，成右弓步。

右手持刀繼續向右後下沉，拉割至右胯旁，刀刃朝下，刀尖朝前。

右掌隨即向前平推出，掌指朝上，肘微屈。

目視正東（圖44）。

用法：拉割、平推

要領：

1. 「玉女穿梭八方勢」由拳式「玉女穿梭」衍生，計19動作。喻其四角運刀，八方應招，推、撐、滾、掛、劈、砍、推、拉、割、刺均如「織女穿梭」一樣輕巧。

手、眼、身、法、步、刀務須協調。進退轉換角度正確，四面八方配合週到。

2. 「動作2」滾刀纏頭，必須刀尖下垂，以刀背從右臂外側順貼肩背纏繞，才能做成雲頂勢。

3. 弓步刺刀，左手要沉肘屈腕圓捌，護置頭頂。刀尖搠刺要高達頭部。

4. 弓步拉割，刀身須靠近右胯，刀尖稍上翹，其勢如張弓蓄箭待發。須做出氣勢。

楊式太極刀

（七）三星開合自主張（圖 45～49）

圖 45

動作 1

左腳向正北橫移一步，隨之稍屈膝。

身體同時左移，重心落於左腿。左手順勢屈肘坐
掌橫擺置身左側，掌心朝左，掌指朝上。

右手持刀，臂外旋屈肘，刀刃朝上向身前截割平撩。

目視正東（圖45）。

用法：截割平撩

圖４６

動作 2

左腿直立，右腿屈膝提起，腳尖自然下垂，成獨立步。

右手持刀同時向胸前抽帶，左掌立掌收合推附於刀環。

目視刀尖（圖46）。

用法：抽帶

圖４７

動作 3

　　右手持刀向前平刺，左手同時屈肘坐掌橫撐置身右側，掌心朝左（圖44）。

　　用法：平刺

要領：

　　1.　屈肘翻腕掄刀，腕關節須放鬆使之靈活。

　　2.　左腿彈跳，足膝須輕捷靈活，抽帶平刺，掄撩劈切輕靈而不飄浮，沉著而不重滯，整套動作配合協調，開合有致，一氣呵成。

　　3.　獨立步須鬆靜挺拔，立身安舒，下盤穩固，足膝有勁。

　　清初王宗岳拳論有「立如枰準，活似車輪」句。可見立身平正是活似車輪的先決條件。

　　只有立身中正，「三星開合」才能心動形隨，意發神傳，即「自主張」了。

楊式太極刀

圖５０

動作 1

　　左腳向正北移步踏實，屈膝略蹲弓，右腿隨之蹬直。左掌外旋掌心側向上。

　　右手持刀，沉肘屈臂，刀尖由體前提挑從左側插向身後，隨即將刀交於左掌，刀刃朝上，刀背貼靠左前臂。

　　目視正東（圖50）。

　　用法：提、挑、插

圖51

動作 2

左腿直立，右腿屈膝提起，體稍左轉（圖51）。

圖５２

動作 3

　　左手屈肘抱刀由胸前向上、向左環繞平落。

　　右腳同時向前上踢起，腳面繃平。

　　右手當即由胸前向上、向右環繞平落，以掌心拍擊右腳腳面。

　　目視右腳（圖52）。

　　用法：格刀

圖５３

動作 4

右腳落於左腳內側，兩腿微屈。

體稍向東北右轉，兩手隨勢同時向右平擺，右手擺至體右側，掌心朝下，左手抱刀，刀刃朝上，擺至右肘窩處，目視正東（圖53）。

用法：掛

圖５４

動作 5

　　體左轉，左腳向西北邁出，成左弓步。

　　左手抱刀同時向下、向左、向上環繞止於額前，虎口朝上，手心朝裡，刀柄稍向上，刀尖稍下垂。

　　右手隨勢變拳下按於腹前，拳眼朝裡，拳心朝下。

　　兩臂環屈，上下相合（圖54）。

　　用法：掛格

要領：

1. 二起拍腳動作為拳式所沒有，獨立步須端身站定，立身中正，虛靈內合，無所偏倚，起腳擊拍，腳面繃平，落點準確。忌前俯後仰。

2. 打虎勢由拳式「左右打虎」式衍生。

故可遵循拳式之要求。兩肘環弧，保持半圓形，兩肩鬆沉，防止"寒肩"。

「寒肩」係肘不能沉，肩不能鬆，肩胛緊鎖，兩肩高聳，狀如立寒冬溯風之謂也。

以致氣血不通，勁路不暢。

造成上不能勁由脊發，貫勁於指梢；下不能虛胸盈腹，引氣達丹田。「寒肩」亦稱「聳肩」，就像人在寒冬溯風中把肩聳起一樣。

楊式太極刀

圖５７

動作 1

　　體轉向東北，重心後移，左腿屈膝，右腿伸直，右拳變掌由上向前、向下、向左環繞，屈肘抄於左前臂下，掌心朝上。

　　左腿隨勢直立，右腿屈膝提起，腳尖自然下垂，成左獨立步。

　　目視正東（圖57）。

101

圖62

動作 2

　　身體繼續右轉，左腳隨勢由身後向身前邁步，腳尖裡扣，膝微屈。

　　右手持刀，繼續順背環行滾繞。

　　左掌隨勢屈肘收於左脅處（圖62）。

　　用法：刀背　滾、掛、磕、掩

圖63

動作 3

重心移至左腳,屈膝坐實。

體右轉,面向西北,右腳隨勢屈膝提起,成左獨立步。

右手持刀同時環繞至左肩外側,順勢劈沉,落於腰右體側。

左掌隨之移於身前(圖63)。

用法:劈招藏刀

（十一）下勢三合自由招（圖 65～68）

楊式太極刀

圖65

動作 1

左腿屈膝略蹲，上身略左轉後移，重心落於左腿，右
腳隨勢屈膝於身前提起，成左獨立步，面向正西。

右手持刀屈臂內旋，掌心朝下，屈腕將刀橫平，收至
身前，刀背貼附左掌，刀刃朝前，刀尖橫向左側。

目視正西（圖65）。

用法：平推

圖66

動作 2

右腳向西北邁出，成右弓步。

右手持刀與左掌同時將刀向前平推，刀刃朝前，刀尖
朝左。

目視正西（圖66）。

用法：平推

圖６７

動作 3

左腳向西南邁出，體向右側轉，右手持刀隨勢向右、向後平擺橫抹，手心朝下。

左掌相隨，屈肘收於右脅前，掌心向右，掌指朝上。

目視刀身（圖67）。

用法：橫抹

圖68

動作 4

　　身體左轉，右腳向正西邁出，成右弓步。

　　左掌隨勢向前、向左平擺橫掃，掌心向左，掌指朝上。

　　右手持刀同時翻腕外旋，向左、向前平擺橫斬，刀刃朝左，刀尖朝前。

　　目視正西圖（68）。

　　用法：橫掃橫斬

要領：

　　1．完成推刀、橫抹、橫掃、橫斬等動作，必須以腰為軸，腰胯靈活，通體無滯。

　　手法、身法、步法、刀法、眼法務須協調，不要讓絲毫重滯、阻澀、間斷參與式間，這樣才能做到「下勢三合」，招法老到「自由」。

　　2．刀的高度，推刀的刀身高度與胸齊平，而橫抹和橫斬的刀身高度則要求與腰水平，故亦稱為「攔腰刀」。

楊式太極刀

圖６９

動作 1

　　身體略左轉，左腿屈膝坐實，右腿屈膝在身前提起，成左獨立步。

　　右手持刀同時屈肘外旋，刀刃朝上，向上、向左肩外側，向下撩削，至左側下方時刀刃朝下，刀尖朝後。

　　左掌隨勢附於右腕近側，掌心朝下，掌指朝前（圖69）。

　　用法：上撩下削、後掛

圖77

動作 4

身體繼續向右後轉，右腳隨勢向右身後撤步、屈膝下蹲，重心後移，左腳以前掌著地，成左虛步。

右手變拳，同時屈肘收靠於右腰側，拳眼朝上。

左手抱刀屈肘平持於胸前，刀刃朝上、刀尖朝前，手心朝裡。

目視正東（圖77）。

要領：

　　1．此式為拳式「指襠捶」衍生，惟拳式為進步，為弓步，而刀式為退步，為虛步。

　　不能做成七星跨虎式。

　　2．劈刀時刀尖上翹，高及頭部，刀刃傾斜。

　　3．「動作３」刀尖環弧不宜過大，一攬即可。

　　4．抱刀收勢，須稍作靜立，斂神定意，自然收合內氣於丹田。

預備勢：甲乙持刀對立

圖８０

甲方（白衣者）面朝東，乙方面朝西，右手持刀，刀刃朝下，刀尖朝前。

對面併步站立，二人相距二至三步，目視著對方（圖80）。

圖81

1．甲右腳進步，膝稍屈，成右弓步，右手持刀同時上舉以前刃劈乙左肩，左臂斜垂於體左側，掌心向下，掌指斜向後（圖81）。

圖82

　　2．乙閃身左轉，避開甲刀，右腳隨之向東北方邁步
，膝稍屈，成右弓步，右手持刀同時上舉以刀剁甲右腕，
刀尖略上翹，左臂斜垂於體左側，掌心向下，掌指斜向後
（圖82）。

圖83

3. 甲先撤右腳，後撤左腳，連撤兩步，避開乙刀，成右虛步，目視乙方（圖83）。

第二動：乙上步扎腹，甲提刀外截腕

圖84

1．乙右腳向前上一步，稍屈膝，成右弓步，右手持刀外旋，反腕使刀刃朝上，以刀尖平扎甲腹，左掌仍斜垂於體側，掌心向下，目視甲腹（圖84）。

圖８５

2．甲向後縮腹避讓，右腳跟隨之掀起離地，右手持刀內旋上提，反腕以刀前刃外截甲右腕，目視甲右腕（圖85）。

圖86

3．乙撐身左轉後移，右腳隨勢自左腳前向東邁出，
避開甲刀，目視對方之刀（圖86）。

第三動：甲進步刺腰，乙掄刀外剁腕

圖87

　　1. 甲右腳向前進步，膝稍屈，成右弓步，右手同時持刀，刀刃朝下，以刀尖平刺乙右腰，目視著刀尖（圖87）。

圖88

2. 乙身體向左後轉，左腿隨勢由身後向西南上步，膝稍屈，成左弓步，右手持刀同時旋腕從右側向下、向左、向上掄刀，外剁甲右腕，目視刀身（圖88）。

圖89

3．甲身體後坐，左腿隨之屈膝略蹲，右手持刀隨勢
向下、向後沉降帶回，避開乙刀（圖89）。

第四動：乙進步割喉，甲推刀上截腕

圖９０

　　１．乙右腳向甲右腳外側逼進一步，膝稍屈，成右弓步，右手持刀隨勢外旋使手心朝上，以刀之後刃平推橫割甲喉，目視甲喉部（圖90）。

圖91

2. 甲稍後坐，撤右腳抽身，避開乙刀，並將刀收至身前，體右轉復向西南上右腳、膝稍屈，成右弓步，以刀後刃上推平截乙右腕，左掌附於刀背以助推勢。

目視乙右腕（圖91）。

楊式太極刀

圖９２

　　１．乙左腳尖外展，右腿稍屈膝，右腿伸直，向右披身。

　　右手持刀，同時內旋反腕，由上向下，以刀前刃斜砍甲右腿外側，目視甲方（圖92）。

圖９３

２．甲身體後移並向左轉，右腿隨勢屈膝提起，避開乙刀，右手持刀同時向下斜截乙右腕，目視乙右腕（圖93）。

圖９４

楊式太極刀

　　1. 乙右手持刀外旋，屈肘反腕將刀收於懷中，刀刃朝左，刀尖朝上，直豎於身前，左掌同時撫按於右腕上面，掌心朝下。

　　右腿同時屈膝在身前提起、腳尖自然下垂，左腿直立，成左獨立步，目視甲方。

　　甲方亦同時依法屈肘反腕將刀收於懷中，作提膝抱刀勢（圖94）。

圖95

２．甲、乙右腳向體右側橫落，左腳隨之向右腳靠攏併步，兩腿直立，同時將刀交於左手，抱刀直垂於體左側，目視對方（圖95）。

註：收勢亦可恢復預備勢之持刀對立狀，或就此而止，或甲、乙雙方變換角色，再次進行刀法假設練習，興盡而止。

國家圖書館出版品預行編目資料

楊式太極刀/ 王志遠 著.
－初版－臺北市：大展 ， 2003【民 92】
面 ； 21 公分 －（彩色圖解太極武術；4）
ISBN 957-468-229-3（平裝）
1. 刀槍術

528.975　　　　　　　　　　　　　92008406

楊式太極刀

ISBN 957-468-229-3

著　　者/王　志　遠
責任編輯/王　　　潔
發 行 人/蔡　森　明
出 版 者/大展出版社有限公司
社　　址/台北市北投區（石牌）致遠一路 2 段 12 巷 1 號
電　　話/（02）28236031・28236033・28233123
傳　　真/（02）28272069
郵政劃撥/01669551
E － mail/dah_jaan@pchome.com.tw
登 記 證/局版臺業字第 2171 號
承 印 者/弼聖彩色印刷有限公司
裝　　訂/協億印製廠股份有限公司
排 版 者/順基國際有限公司
初版 1 刷/2003 年（民 92 年） 8 月

定價/220 元

大展好書　好書大展
品嘗好書　冠群可期

大展好書　好書大展
品嘗好書　冠群可期